AF312761

ÉTUDE

SUR LA

CONSTRUCTION ET LA DISPOSITION

DU

COLISÉE

Paris. — Imprimerie Alcan-Lévy, 61, rue de Lafayette.

ÉTUDE

SUR LA

CONSTRUCTION & LA DISPOSITION

DU

COLISÉE

Amphithéâtre Flavien

PAR

F. GUADET

ARCHITECTE

PROFESSEUR A L'ÉCOLE NATIONALE DES BEAUX-ARTS

ANCIEN PENSIONNAIRE DE L'ACADÉMIE DE FRANCE

A ROME

PARIS

Librairie Centrale des Beaux-Arts

A LÉVY, 13, RUE DE LAFAYETTE (PRÈS DE L'OPÉRA)

—

M.D.CCC.LXXVIII

LE COLISÉE

E travail que j'appelle *Étude sur la disposition et la construction du* Colisée, n'est pas une restauration de cet amphithéâtre. La restauration en a été faite maintes fois, et pour la trouver dans les livres d'architecture, on n'aurait que l'embarras du choix. Surtout, elle a été faite d'une façon qu'on peut considérer comme définitive, par M. Duc, lors de son séjour à Rome, comme pensionnaire de l'Académie de France, et à ce titre elle sera gravée dans le grand recueil que publie une commission nommée par le gouvernement. Je n'ai pas eu la prétention de refaire à mon tour ce qui a été fait et bien fait par d'autres, et mon travail ne saurait en aucune façon usurper le titre de *Restauration*.

Encore moins est-ce un ouvrage d'archéologie. Je comprends assurément toutes les curiosités dont l'archéologie est la satisfaction plus ou moins décevante, et peu de sujets, sans doute, offrent une aussi vaste carrière à l'exploration d'anciens souvenirs qu'un monument, témoignage à la fois de la puissance des Romains et de leurs plaisirs sanguinaires, de la politique malsaine et corruptrice des Césars, des désastres des Juifs, du lâche courage des gladiateurs, des supplices des Chrétiens ; s'il n'est jamais difficile de rassembler quelques citations de textes et de s'étayer d'un appareil de notes, de dates ou d'inscriptions, ce n'est guère utile non plus ; et si l'on n'a le droit de se dire ni historien ni poète, mieux vaut rester dans sa compétence que d'ajouter encore quelques pages au débordement d'archéologie facile et inutile dont nous sommes inondés. Enfin, artiste je suis, artiste je veux rester, et si, comme je le crois, ces deux facultés, art et archéologie, sont inconciliables ; si, comme je le crains, « ceci » est bien capable de tuer « cela », du moins, les artistes doivent résister aux tentations d'une étude qui stérilise la production artistique. Presque partout l'artiste a disparu, l'archéologue seul subsiste, et peu s'en est fallu, qu'en France, il n'en fût de même : ce sera, je l'espère, l'honneur de la génération qui demain possèdera l'autorité, d'avoir vu le danger et d'en triompher.

Je ne prétends donc pas me faire l'historien du Colisée ; je ne prétends pas davantage en présenter la restauration : l'étude que j'en ai faite est ce que, selon moi, comporte l'architecture antique, un simple travail d'analyse.

Appelé à l'honneur et à la responsabilité de l'enseignement, je recommande autant que qui que ce soit l'étude de l'architecture antique. Mais, pour être profitable, cette étude doit être rigoureuse ; sa méthode doit être celle des sciences, l'analyse et non l'hypothèse. S'il est du plus haut intérêt de pénétrer aussi profondément que possible dans le monument visible et palpable, d'en rechercher la structure, la disposition, d'arriver à le connaître en quelque sorte aussi bien que si nous avions assisté à sa construction et même aux études qu'en a faites son auteur ; par contre, il est téméraire et illusoire de vouloir restituer, nous modernes, ce qui a disparu de l'architecture antique. Le temps limite le champ de ces études, il est moins vaste aujourd'hui qu'au xvie siècle, nous pouvons le regretter ; mais il faut en prendre son parti, des rêves et des romans hasardés en marge du recueil d'antique vrai que nous possédons, si séduisants ou ingénieux qu'ils puissent être, n'ajouteront rien à la connaissance de l'antique, rien non plus au patrimoine de l'art moderne.

Et cependant, une somme de talent immense a été dépensée en restaurations ; dans tous les travaux faits sous ce nom par les pensionnaires de l'Académie de France à Rome, on peut signaler des efforts considérables, une sagacité ingénieuse, une imagination souple et féconde. Je suis heureux de l'affirmer, l'ensemble de ces beaux travaux ne pouvait être mieux fait, et nul groupe d'artistes n'eût pu produire sur ces mêmes données un travail comparable à celui qui sera dû à l'élite des architectes français pendant plus d'un demi siècle. Seulement, ces travaux étaient-ils à faire ? Je ne le crois pas.

Des monuments antiques, les uns — et c'est le cas du Colisée — se présentent à nous dans leur intégrité; intégrité de composition, bien entendu, car il importe peu à l'étude que le monument soit matériellement entier s'il existe des témoins certains de toutes ses parties; le plus grand nombre ne présente plus que quelques vestiges, morceaux admirables et énigmes silencieuses. Les premiers se prêtent assurément à la restauration, ou pour mieux dire à la restitution : on peut les dessiner avec certitude en effaçant les balafres du temps ou des mutilations; il s'y trouve des parties manquantes, il n'y en a pas d'inconnues. Aussi ceux de nos devanciers qui ont eu le bonheur de pouvoir saisir les premiers de tels sujets, ont-ils fait des travaux qui joignaient au charme de la primeur l'autorité d'une solution définitive. Mais de tels sujets sont rares, et le nombre est bien plus grand des restaurations hypothétiques, c'est-à-dire impossibles.

Quel serait, en effet, le programme de ces restaurations ? Mesurer quelques vestiges, risquer des conjectures, et sans savoir quelle était au juste ni la destination du monument, ni les besoins qu'il avait à satisfaire, sans bien connaître la civilisation qui l'a créé — car tout cela est toujours fort mystérieux — hasarder une sorte de composition rétrospective sans programme et sans conviction. Dans un tel travail, point de liberté, car le moindre angle de carrelage enchaîne; point d'imagination, car la personnalité doit être dépouillée. Il faut ou plutôt il faudrait que nous, artistes du xixe siècle, nous pussions nous faire contemporains des Grecs ou des Romains, savoir un jour d'intuition tout ce qui est enseveli dans les ténèbres d'un passé disparu, et, bien plus, nous oublier nous-mêmes, déposer, comme un bagage gênant, tout ce qui fait tout ce que nous sommes; singulière condition imposée à des artistes de produire une œuvre dont l'idéal serait l'absence de toute individualité, l'anachronisme érigé en mérite, l'imagination et la sincérité érigées en écueils! Aussi, comme — Dieu merci — cet idéal est trop inaccessible à notre école française, les restaurations dans leur ensemble constituent une série de travaux restés très personnels, et où en dépit de conditions déplorables l'imagination tient heureusement une grande place : là même en réside à mon avis l'intérêt; mais, il faut bien le dire, si les relevés, les états actuels selon l'expression consacrée, en sont infiniment précieux et profitables pour le public et pour leurs auteurs, les restaurations proprement dites ne sont guère, en général, que des jeux d'esprits, presque toujours brillants, mais, en somme, fort peu utiles et nullement concluants : on a cru qu'on allait évoquer l'architecture antique ressuscitée; on a eu diverses architectures antiques, successives et différentes. Quiconque a un peu l'expérience de ces choses reconnaît, à coup sûr, l'antique de 1800 de l'antique de 1830 ou de 1850; il suffit d'avoir vu une fois l'antique de Delagardette, par exemple, l'antique de Percier, l'antique d'Huyot et l'antique de Labrouste.

Tout autre est le travail analytique, s'appliquant à un monument suffisamment conservé pour ne pas laisser d'inconnu. Si la visée est moins ambitieuse, le résultat, du moins, est certain; à condition que la méthode soit logique et apte à mettre au jour tout ce que contient le monument en fait de disposition, de structure, de proportions, en un mot d'enseignements. Il faut que l'auteur, travaillant pour sa propre instruction, arrive à connaître tout le pourquoi et le comment de l'édifice qu'il étudie ; il faut, travaillant pour une publication, qu'il en fasse l'exhibition aussi claire que possible pour le public.

J'ai cru devoir entrer dans ces développements pour bien établir le but de mon étude sur le Colisée, et encore dois-je ajouter qu'il s'agit moins ici d'une monographie que d'un exemple typique de l'architecture des Romains ; c'est plutôt une étude de cette architecture dont le Colisée est l'occasion.

C'est que, en effet, ce monument est peut-être celui de tous qui réunit le mieux les conditions d'un semblable travail ; sa conservation suffit pour qu'on puisse entièrement l'analyser, et sa composition, sa grandeur, sa construction en font un véritable type de cette architecture.

On a beaucoup écrit sur l'architecture antique, mais il faut le reconnaître, c'est le plus souvent par les questions secondaires qu'on en a abordé l'étude. Sans nier l'intérêt que peuvent présenter les problèmes de modules ou l'enseignement qui ressort des proportions, je crois qu'il y a dans l'architecture des anciens un principe qui s'élève plus haut que cette théorie des formes, je dirais volontiers une morale plus élevée. Si l'architecture antique, librement étudiée dans ses formes, est l'origine plastique de notre art moderne, et nous a valu l'admirable époque de la Renaissance et ses dérivés, cette même étude servilement faite plus tard, nous a infligé par contre des monuments qu'il est inutile de citer et des traditions d'immobilité fétichiste. Ce n'est pas impunément qu'on se fait copiste, et quelle que soit, d'ailleurs, l'architecture qu'on veuille étudier, si l'on se borne à une étude matérielle des formes, sans approfondir l'esprit de ses modèles, on n'aboutira, en récompense, qu'au pastiche ; on arrivera au néo-antique — ou néo-moyen âge, peu importe, — en tous cas à l'anachronisme prémédité, et fatalement au sacrifice de la raison, des convenances, du programme et de la sage économie à l'illusion de la résurrection chimérique d'un art dont on n'a compris que la manifestation extérieure. Munich est là pour montrer où conduit cette voie.

Mais, les anciens ont eu comme nous des programmes à remplir, des dispositions à combiner, des effets à produire, et c'est surtout dans tout ce qui touche à la composition générale d'un monument que leur art est admirable et leur exemple instructif. Certes, nous ne pouvons ni ne devons prendre leurs conceptions telles quelles et nous les approprier, c'est impossible, et possible ce serait insensé. Mais nous pouvons nous inspirer de cette simplicité grandiose, de cet équilibre, de cette clarté. Dans les monuments antiques, on constate ou on devine non pas une solution, mais la solution. Si dans notre architecture, on admire souvent une grande ingéniosité, une dextérité habile à surmonter les difficultés, une conception monumentale, on sent toujours que d'autres solutions auraient pu se présenter à l'esprit de l'auteur, en tous cas qu'un autre artiste eût résolu autrement le problème ; chez les anciens, il semble tout au moins qu'aucune autre conception ne devait être possible sur le programme donné, et que l'architecte a trouvé la réalisation nécessaire de ce programme. Assurément, c'est là le plus bel éloge qu'on puisse faire d'œuvres d'architecture ; cela veut-il dire que ces architectes fussent plus instruits, plus ingénieux, plus habiles que nous ? Non, et je croirais volontiers qu'il se dépense chez nous plus d'ingéniosité et de recherche. Mais — et cela devait tenir à l'esprit public — l'architecte était plus désintéressé, et les exigences de ses contemporains étaient d'autre nature.

Je m'explique. Je n'entends pas parler du désintéressement pécuniaire ni du plus ou moins d'ambition personnelle ; je ne dis pas les architectes, je dis l'architecte, et je le dirais aussi bien des autres artistes. Pour rendre, en d'autres termes, ma pensée, l'art moderne est personnel, l'art antique est presque impersonnel. Chez les anciens, Grecs ou Romains, l'architecte — et on en pourrait dire autant du sculpteur et probablement du peintre — l'architecte a toujours procédé par amélioration du type qui était avant lui la dernière expression du programme à étudier, sans reviser à nouveau les éléments mêmes de ce type. Seulement, lorsque de progrès en progrès, a été obtenu le nec plus ultra de ce type, l'amélioration a fait place à l'exagération, et par la même marche successive et graduée, mais en sens inverse, on est finalement arrivé à la décadence. Tout est transition, mais transition presque insensible entre des points extrêmes pourtant fort dissemblables. Le Parthénon, par exemple, c'est le temple de Thésée avec plus de perfection dans les galbes ou les proportions, avec les corrections respectueuses du modèle, qu'a pu suggérer la plus récente expérience ; et les temples de l'époque suivante ne sont que le Parthénon avec des raffinements ; la mesure avait été atteinte, elle était désormais dépassée.

Ainsi des amphithéâtres. Nul doute que, si l'on avait conservé tous les exemples de ces monuments, on trouverait depuis les amphithéâtres provisoires en bois des premiers temps jusqu'au Colisée, une gradation ininterrompue, toutes les améliorations partielles que l'expérience indiquait. Mais on est en droit de dire que, si le Colisée a eu un constructeur, un architecte d'une intelligence nécessairement remarquable, il n'a pas eu véritablement un auteur : sa composition a duré cinq siècles.

Sans doute, cette marche est un peu celle de toutes les époques dans les arts ; cependant, il est certain que l'art moderne présente plus de diversité sur un même programme, plus de personnalité, mais aussi moins de fixité dans les types, moins de perfection définitive ; les anciens n'auraient, sans doute, nullement compris le sens d'un mot qui, chez nous, est l'expression d'une qualité éminente, l'originalité ; ils ne pouvaient avoir une gloire comme Michel-Ange, nous ne pouvions avoir l'art du siècle de Périclès. Et c'est ainsi, qu'avec moins de mérite personnel peut-être chez les artistes anciens, c'est dans l'art antique que nous trouvons nos plus admirables modèles, ou, pour mieux dire, les plus instructives leçons.

Cette continuité de l'architecture antique est telle que, pour moi, la distinction parfois passionnément affirmée entre l'architecture grecque et l'architecture romaine est dénuée de sens, à moins de n'être qu'une locution géographique ; les auteurs de la Renaissance qui ne connaissaient pas la Grèce, disaient l'architecture grecque en parlant de l'antiquité, et ils avaient raison. Dans la civilisation qui de la Grèce s'est propagée en Italie, il n'y a qu'un art ; mais entre les divers monuments de cet art, il y a cinq ou six siècles ; il y a aussi les ressources, les mœurs et les instincts très différents des citoyens de la Grèce ou de l'Empire du monde. Mais dans cette civilisation antique qui embrasse depuis les temps homériques jusqu'au bouleversement des invasions de barbares, c'est précisément l'architecture qui est restée, plus que toute autre chose, une grande unité et le témoin à travers les âges de la solidarité de cette civilisation.

Aussi importe-t-il moins, si nous voulons la comprendre, d'étudier superficiellement tous ses vestiges que d'approfondir un de ses monuments. C'est ce que j'ai essayé de faire pour le Colisée ; peut-être les études que j'avais sur ce sujet faites pour mon propre profit et sans intention de publication, peuvent-elles être de quelque utilité ; les publiant aujourd'hui, je devais, pour en expliquer le but de la méthode, exposer ces quelques généralités qui n'en sont que la préface.

Le Colisée est un des monuments qu'on a le plus fréquemment décrits et son histoire est bien connue. On sait qu'il fut commencé par Vespasien et continué par Titus qui l'inaugura ; cependant, la partie supérieure fut terminée par Domitien. Son emplacement était celui d'un ancien étang artificiel situé dans les fameux jardins de Néron, et voisin de sa statue colossale d'où lui vint l'appellation populaire de Colosseum, origine du mot français Colisée. Sa construction fut très rapide, et on y employa de nombreux prisonniers juifs ; les fêtes qui l'inaugurèrent coûtèrent, dit-on, la vie à dix mille captifs ; l'histoire ne dit pas si ce furent les mêmes qui l'avaient construit. On sait seulement que ce fut l'humain Titus qui donna ce divertissement magnifique au peuple de Rome.

Après avoir longtemps servi à ces spectacles, le Colisée devint au moyen âge une forteresse, comme beaucoup d'anciens monuments de Rome ; enfin, à l'époque de la Renaissance, il servit de carrière de pierre, et plusieurs palais et églises furent

construits avec ses matériaux. C'est ainsi que les gradins et la moitié des murs bâtis en
pierres d'appareil ont disparu. Ce n'est que dans le courant de ce siècle qu'on a fait
divers travaux de consolidation et qu'on a pris les soins nécessaires pour la conservation
du monument.

Notablement plus grand que tous les autres amphithéâtres connus, il avait environ
134 mètres de longueur sur 101 mètres de largeur. Sa hauteur au-dessus du sol est de
$49^m 50$. Enfin, l'arène mesure $79^m 30$ sur $46^m 30$. On a fait des évaluations très diverses
sur le nombre de spectateurs qu'il pouvait contenir; on répète, sur la foi de Fontana,
que les gradins pouvaient donner place à quatre-vingt-sept mille spectateurs, et que
vingt mille autres pouvaient encore assister aux spectacles en se tenant debout dans
les espaces libres. Il est à peine besoin de dire combien ces chiffres sont exagérés : il est
certain, du moins, que ce monument contenait des foules entières, et il est impossible
de se faire une idée de l'effet d'immensité qu'il produit lorsqu'on se place au sommet
des gradins.

Sa disposition est celle de tous les amphithéâtres romains. Au centre, l'arène
entourée d'un mur qui paraît bien peu élevé en raison des hôtes sauvages que recevait
souvent l'arène. Aussi, ce mur était-il garni de rouleaux horizontaux de bois tournant
sur des pivots ou de filets de protection; protection qui, d'ailleurs, n'a pas empêché
parfois, dit-on, des animaux de bondir au milieu du public et d'y causer des paniques
effroyables. Autour de l'arène, le *podium*, sorte de quai ou trottoir annulaire, puis, les
gradins divisés en plusieurs étages ou *caveæ* ; chaque cavea séparée des autres par une
circulation annulaire nommée præcinctio, et divisée en *cunei* (coins) par des circulations
normales à l'arène et inclinées suivant les génératrices du cône; des marches corres-
pondaient dans ces circulations aux rangs des gradins. Enfin, au sommet, un portique
sous lequel étaient encore des gradins, mais ceux-ci en charpente et peut-être d'une
construction postérieure.

Autour du monument régnait une rangée simple ou double de poteaux, fortement
assujettis à la construction et servant à soutenir le *velarium*, toile destinée à abriter les
spectateurs de la chaleur du soleil et aussi d'une pluie subite. On a émis beaucoup d'hypo-
thèses sur le procédé pratique employé pour tendre cette immense toile, et, de fait, c'est
là un problème fort difficile, surtout avec les vents violents qui règnent souvent à Rome.
Mais les conjectures plus ou moins ingénieuses qu'on a pu faire à ce sujet laissent
toujours la question aussi indécise.

Cette description sommaire pourrait être celle de tout autre amphithéâtre
romain aussi bien que du Colisée. Celui-ci ne présente guère de particularités
distinctives. Cependant, il s'y trouve un motif qui lui est spécial et d'un très grand
effet; c'est le mur qui court devant la dernière division de gradins, percé de nombreuses
portes d'accès ou de sortie. Quant aux galeries annulaires formant à la fois communi-

cations et foyers, aux escaliers, aux vomitoires, toute cette partie du monument est nécessairement en rapport avec le développement immense des gradins. Ce n'est, d'ailleurs, qu'en étudiant cette disposition à l'aide des plans et coupes qu'on peut utilement se rendre compte de la façon à la fois très simple et très multiple dont était assuré le service des accès.

Une question qui devait nécessairement préoccuper l'architecte, c'était l'écoulement des eaux. Il y était pourvu au moyen d'un système de pentes dans les dallages et d'égouts, qui eux-mêmes recevaient les eaux de tuyaux de descente incrustés dans les murs. Les gradins ayant, d'ailleurs, disparu, la constatation de cette partie de l'étude du monument est nécessairement incomplète.

Il en est de même des constructions s'étendant sous l'arène. Ces constructions existent encore tout au moins en partie, et il en a été donné des descriptions. Mais à l'époque où j'ai pu faire mon travail, l'entrée en était interdite et même murée; je ne les ai donc pas vues. Elles devaient, d'ailleurs, être très analogues à celles qu'on voit dans quelques autres amphithéâtres, et consister en corridors avec des loges ou cages pour les animaux. On voit que le dessous de l'arène était machiné comme les dessous des scènes de nos théâtres, car cette organisation nécessitait un système de trappes et de mécanismes qui évidemment devait être conçu avec une grande ingéniosité.

Quant aux naumachies et aux effets d'eau qui, d'après les historiens, ont fait partie des fêtes du Colisée, on ne voit pas par quelle méthode pratique on pouvait arriver à transformer l'arène en bassin, à moins de supposer — ce qui, sans doute, est la véritable explication — qu'il se faisait à l'occasion de ces fêtes nautiques des travaux spéciaux d'appropriation.

Enfin, il est utile de rappeler à des lecteurs familiers avec le théâtre moderne, que toute la composition des théâtres et amphithéâtres antiques est essentiellement régie par le programme de la gratuité. Rien n'y rappelle nos contrôles, nos divisions d'entrées ou d'accès correspondant à des tarifs. Il s'y trouvait bien des places réservées, mais les accès sont multiples (au Colisée, il y a quatre-vingts travées, toutes ouvertes) partout; on trouve des escaliers qui mènent eux-mêmes partout, toutes les parties du monument sont en communication directe et facile entre elles. Toutefois, les arcades sont numérotées, ce qui n'était peut-être qu'un simple repère, plus nécessaire dans un monument rond que dans tout autre. Une seule disposition paraît contradictoire avec tout cet ensemble de circulations faciles et abondantes, c'est l'extrême raideur des escaliers. Longs et droits comme ils le sont et inclinés de près de 45°, de tels escaliers donneraient certainement lieu chez nous à de nombreux accidents. Sans doute, les anciens Romains étaient comme leurs descendants modernes, calmes, patients et jamais pressés.

Au point de vue de l'architecture, le Colisée est loin assurément de présenter la pureté de style et d'exécution des monuments de la fin de la République ou du temps d'Auguste. Pour lui comparer un similaire, le théâtre de Marcellus, tout ruiné qu'il est, est un monument d'une bien autre valeur au point de vue de l'étude. Au Colisée, l'ordonnance est indécise, les profils sans effet, l'exécution relâchée. On sait, d'ailleurs, que cette construction a été très hâtive, et il est visible que plusieurs parties ont dû être modifiées, qu'il y a eu des erreurs. Le grand mur, qui couronne la façade, est, en partie, construit avec des matériaux qui avaient dû être rebutés pour les parties inférieures ; c'est ainsi qu'on y trouve des parties moulurées ou sculptées que la démolition a mises à jour. Cependant, l'exécution comporte toujours les grandes qualités des constructions romaines, matériaux magnifiques, assiette inébranlable, appareil à pierres sèches, etc.

La pierre ne constitue, d'ailleurs, qu'une partie de la maçonnerie, et il est visible qu'on a employé, autant que possible, les briques et blocages, genre de construction qui permet mieux l'emploi de manœuvres ou d'ouvriers peu habiles tels que devaient être les captifs. La brique n'a plus la netteté ni les joints réguliers et serrés des époques antérieures, les briques formant claveaux ne sont plus prismatiques ; le blocage est plus inégal. Mais l'emploi des matériaux est remarquablement judicieux, et dans la disposition même se trouvent des modifications résultant évidemment de l'expérience et qu'il est utile de signaler.

Ainsi, au théâtre de Marcellus, les pleins sont bien plus épais comparés aux vides, et s'il en résulte un magnifique aspect de fermeté, il n'en est pas moins vrai que la proportion des arcades du Colisée est plus satisfaisante, puisque le programme était évidemment de faire une façade aussi ouverte que le permettait la charge énorme que supportaient les piliers. Il en est de même des galeries intérieures qui sont plus larges, non seulement en fait, mais proportionnellement.

Au point de vue de la construction et de l'emploi des matériaux, l'architecte a adopté un parti très net et très logique ; en pierre, il a construit presque entièrement les murs annulaires, composés surtout de piliers, et la partie basse des murs rayonnants ; en briques et blocages, la partie supérieure de ces mêmes murs, les voûtes et les portions de remplissages dans les murs annulaires ; en un mot, il a réservé la pierre pour les parties supportant de fortes pressions. Dans la pierre même, presque tout est en *travertin*, pierre calcaire fort dure et résistante ; cependant, dans les murs rayonnants, entre des chaînes en travertin, on a recouru pour les remplissages au *peperin*, pierre volcanique plus tendre.

Enfin, par une pratique de construction fort logique, les murs annulaires en pierre ne sont pas liés aux murs rayonnants en briques et blocages. C'est que, en effet, avec la construction antique, la maçonnerie en pierres d'appareil ne subit aucun tassement, puisqu'il n'y a pas d'épaisseur de joints ; la maçonnerie de briques, au contraire, présente des

joints assez épais et des briques basses ; au Colisée, on peut estimer que pour un mètre
de hauteur de mur, il y a bien 0. 25 à 0. 35 de hauteur de joints. Entre deux
constructions aussi dissemblables, tout mode de liaison aurait infailliblement amené
des déchirements, dont il n'y a, au contraire, aucune trace avec le système employé,
qui, d'ailleurs, n'est pas particulier à ce monument.

Quant au surplus des remarques que comporterait ce sujet, je n'ai qu'à renvoyer
aux planches et aux légendes qui les accompagnent et dont il me paraît inutile de faire
la description.

Quelques mots seulement sur le système de représentation graphique que j'ai
adopté : Je n'ai pas cru nécessaire de m'étendre sur les dessins géométraux qu'on
trouve partout et qui ne figurent ici que comme complément de ce qui est le vrai
moyen de mon étude, c'est-à-dire des vues perspectives prises toutes du même point
de vue.

J'ai voulu refaire après coup et autant que possible, ce qu'on fait aujourd'hui
pour conserver le souvenir de la marche d'une construction au moyen de photographies
successives. Une seule perspective n'eût pu montrer tout ce que je voulais faire voir,
tandis que dans les dessins successifs ainsi présentés, rien n'est omis.

J'ai cru pouvoir, d'ailleurs, supprimer dans ces dessins bien des détails qui auraient
été sans intérêt dans des perspectives où l'élévation du point de vue a pour
conséquence des déformations sensibles. C'est ainsi que j'ai indiqué les corniches et
chapiteaux par une masse analogue à un épanelage, bien que l'épanelage et le
ravalement sur place ne fussent pas dans les errements des anciens.

Enfin, je demande la permission de rappeler que ces études n'ont pas été faites
en vue d'une publication ; sans doute, si j'avais pensé en les faisant à les publier un
jour, j'aurais pu les présenter d'une façon plus séduisante. Aujourd'hui, loin de mon
modèle, et me faisant une loi de ne rien hasarder, je n'ai pu qu'ouvrir mon portefeuille
et en sortir ces études telles que je les avais faites pour moi. Aussi, je le répète
en terminant, ce n'est ni une monographie, ni une restauration du Colisée que je
présente au public, c'est une étude, et ce n'est qu'une étude.

ÉTUDE

SUR LA

DISPOSITION ET LA CONSTRUCTION

DU

COLISÉE

TABLE DES PLANCHES

COLISÉE
DISPOSITION ET CONSTRVCTION

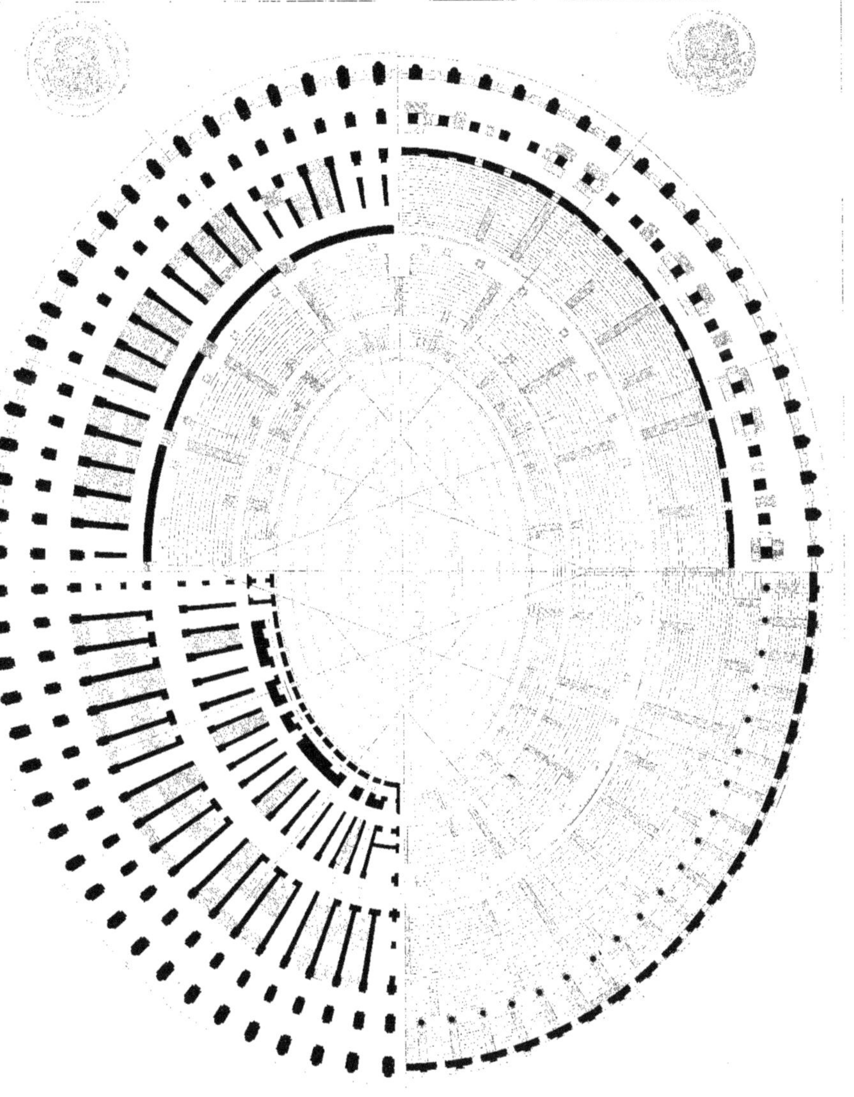

COLISÉE: DISPOSITION ET CONSTRVCTION
AMPHITHÉÂTRE FLAVIEN, DIT LE COLISÉE, A ROME
Élévation générale

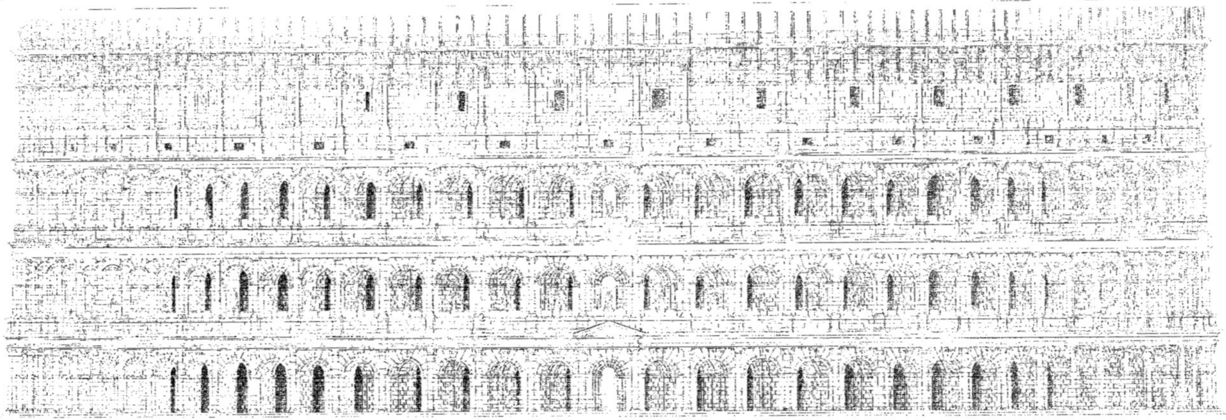

COLISÉE DISPOSITION ET CONSTRVCTION

II

Imp. Lemercier et Cie Paris.

AMPHITHÉATRE FLAVIEN, DIT LE COLISÉE À ROME

COUPE GÉNÉRALE

COLISÉE
DISPOSITION ET CONSTRUCTION

COLISÉE
DISPOSITION ET CONSTRUCTION

COLISÉE
DISPOSITION ET CONSTRUCTION

Grand Portique extérieur
Deuxième grand Portique
Grand Corridor intérieur voûté en berceau
Dernier Corridor voûté en voûtes d'arête
Vestibule Central dans l'axe longitudinal
Passage de plain-pied montant toute la hauteur du 1ᵉʳ ordre
Passage de plain-pied passant sous le palier de la deuxième révolution des escaliers H.H.
Escaliers conduisant en deux révolutions au portique B au 1ᵉʳ Étage
Départs d'Escaliers droits conduisant à une révolution du Corridor C au portique B 1ᵉʳ Étage
Passages de plain-pied du Corridor G au Corridor D
Escaliers conduisant du Corridor D à des vomitoires donnant accès à la 1ʳᵉ division de gradins (Podium)
Petits escaliers dont l'usage est incertain, selon Eggert ils conduisaient à des Balcons grillés pour les musiciens
Passages à l'Arène
Conduit annulaire, recevant les eaux dans le Corridor C
Conduits rayonnants portant les eaux dans l'égout annulaire R
Égout annulaire intérieur
Égouts rayonnants, portant les eaux hors du monument.

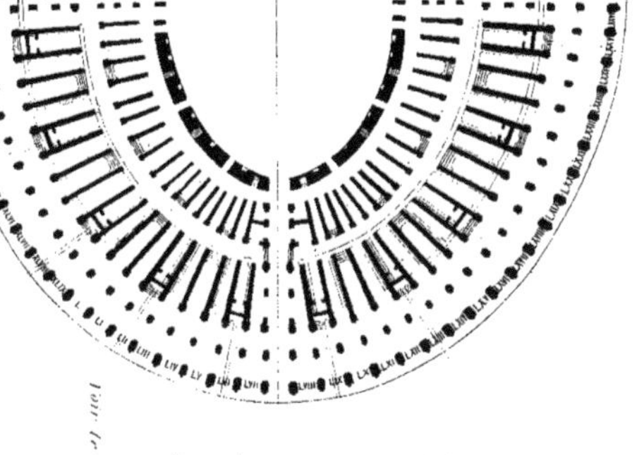

A — Les fondations et souterrains étant actuellement inaccessibles, je n'ai pu en rendre compte.

Les constructions sont entièrement en travertin jusqu'à ce niveau, le dallage est également en travertin. Le reste du système de l'écoulement des eaux est très incertain, notamment la combinaison complète des tuyaux de descente dont il eût été d'ailleurs impossible de rendre compte dans ces dessins. Ces tuyaux de descente étaient toujours pratiqués dans l'intérieur des murs.

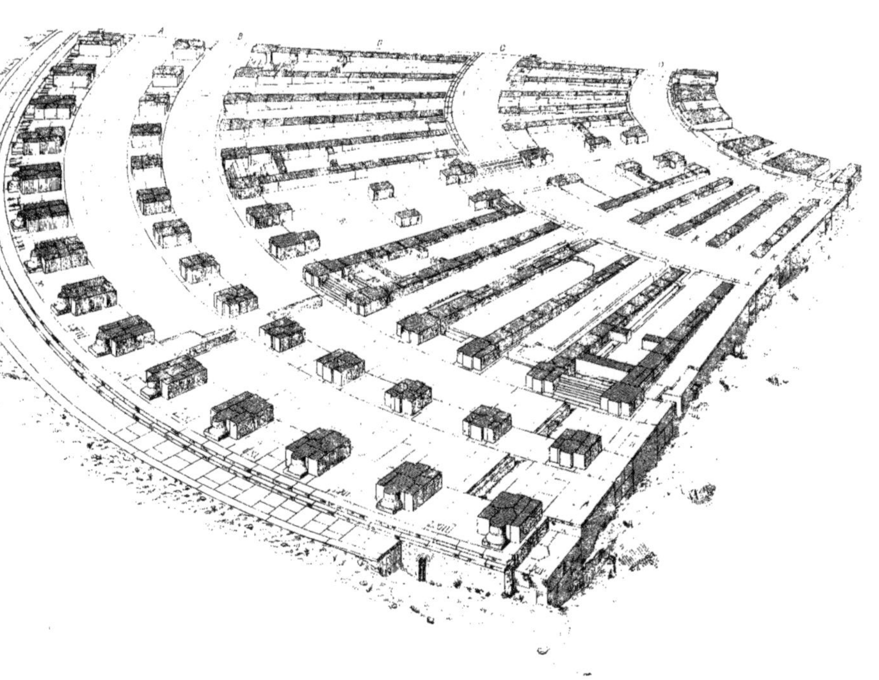

COLISÉE
DISPOSITION ET CONSTRUCTION

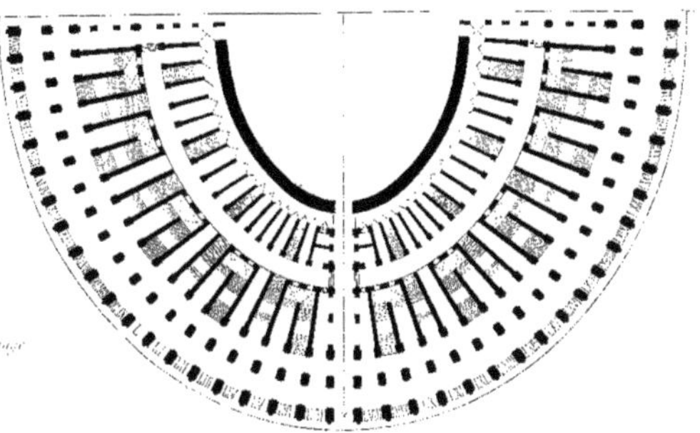

LÉGENDE

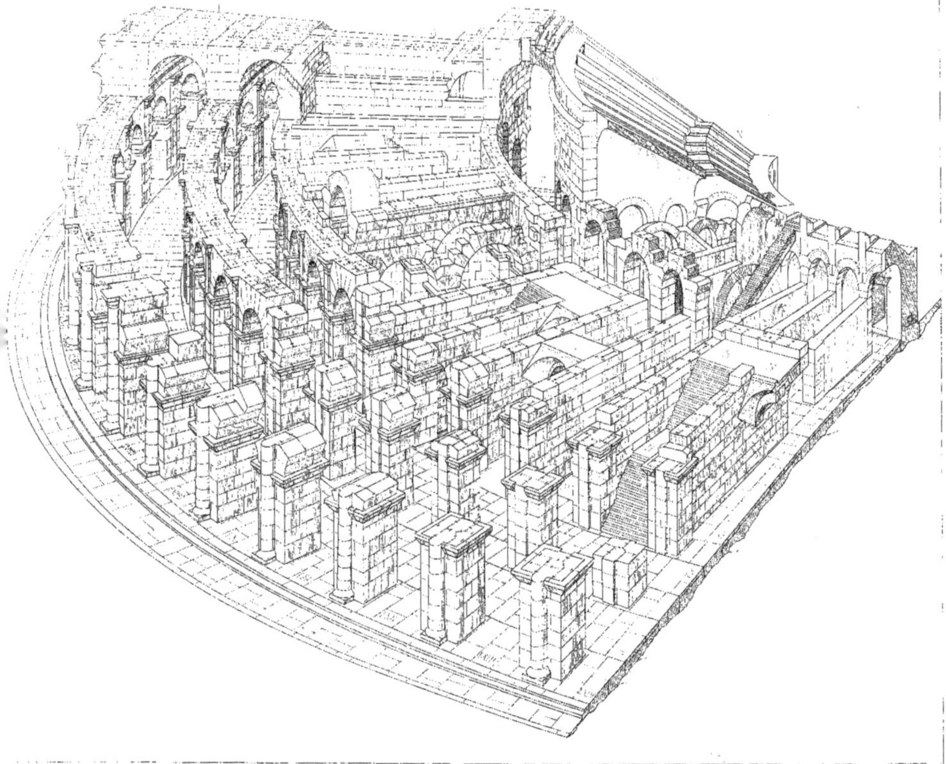

COLISÉE
DISPOSITION ET CONSTRUCTION

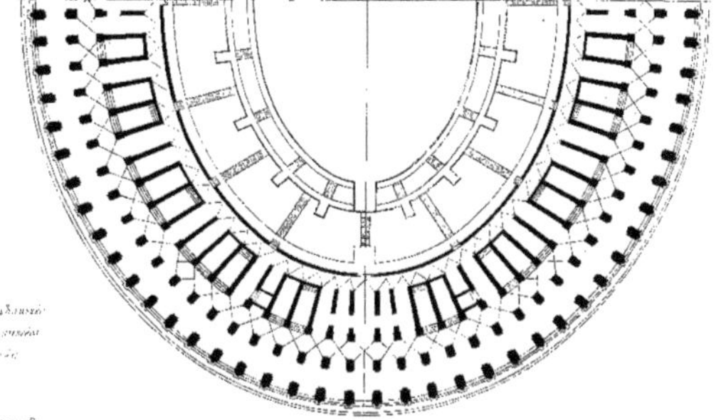

Croquis de la coupe [illegible]

[Légende illisible — texte manuscrit très effacé]

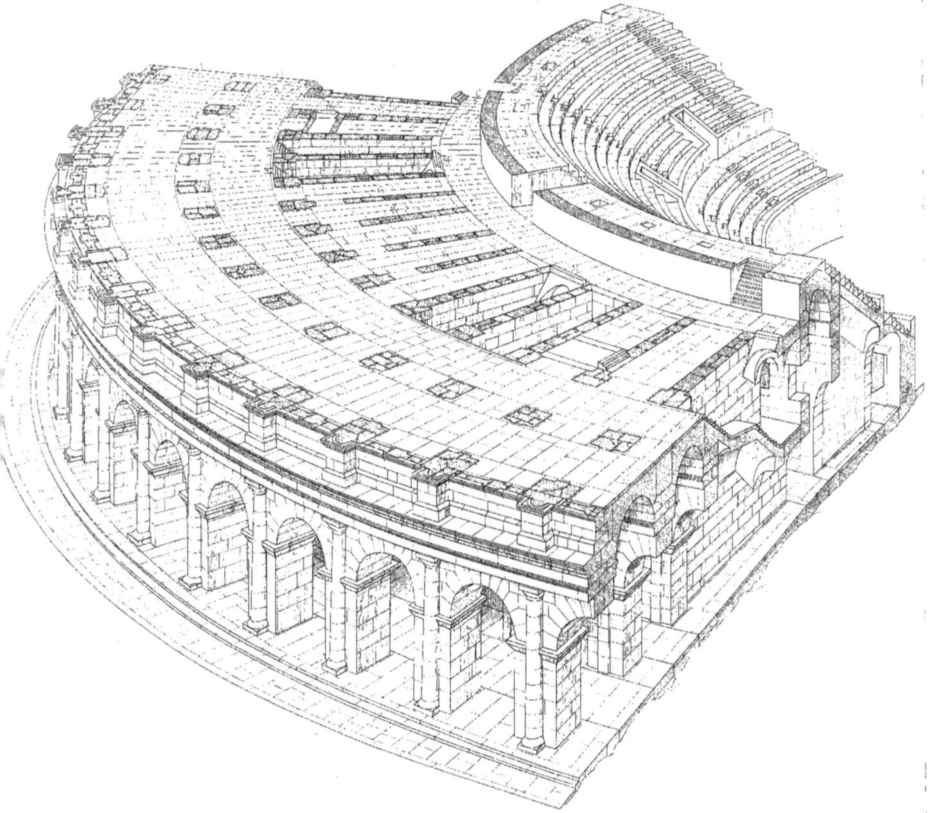

COLISÉE
DISPOSITION ET CONSTRVCTION

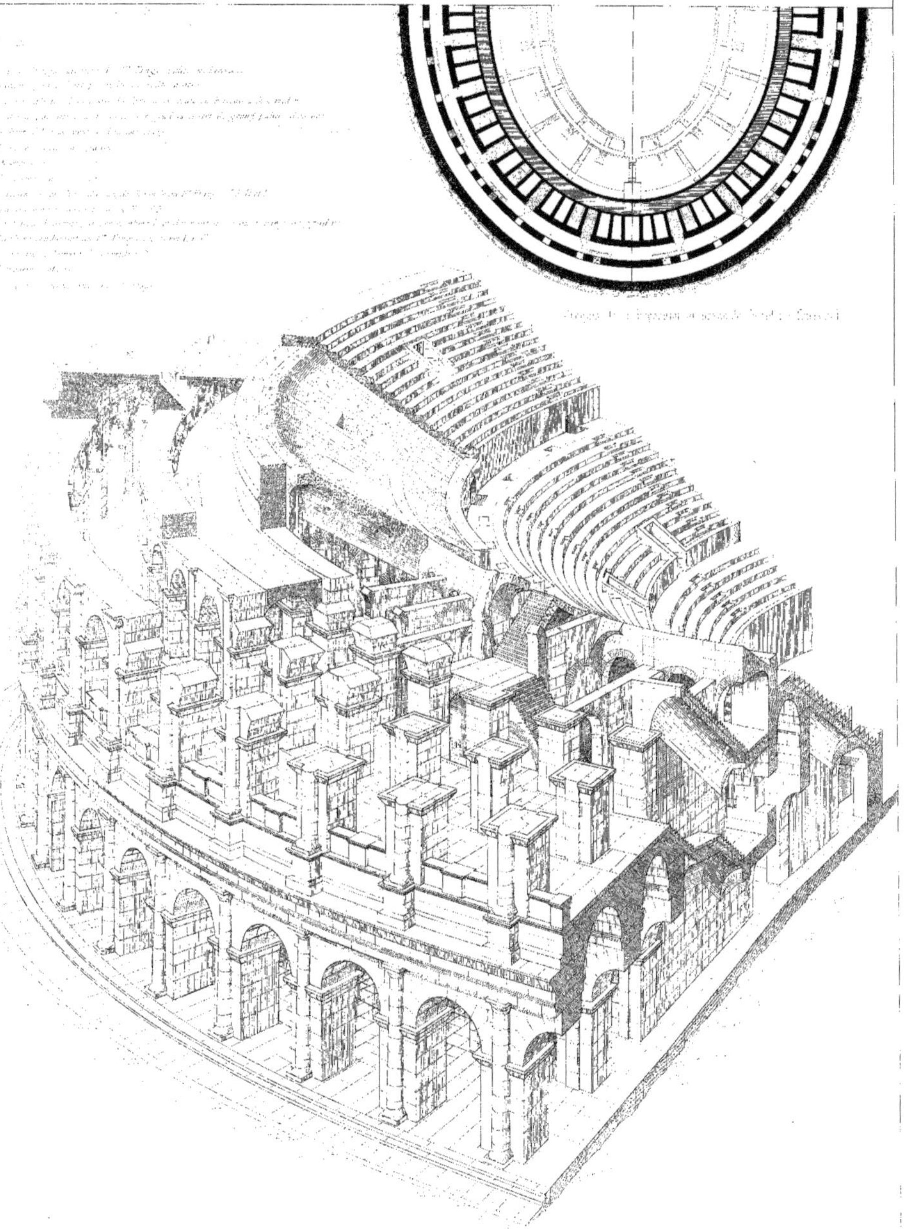

COLISÉE
DISPOSITION ET CONSTRUCTION

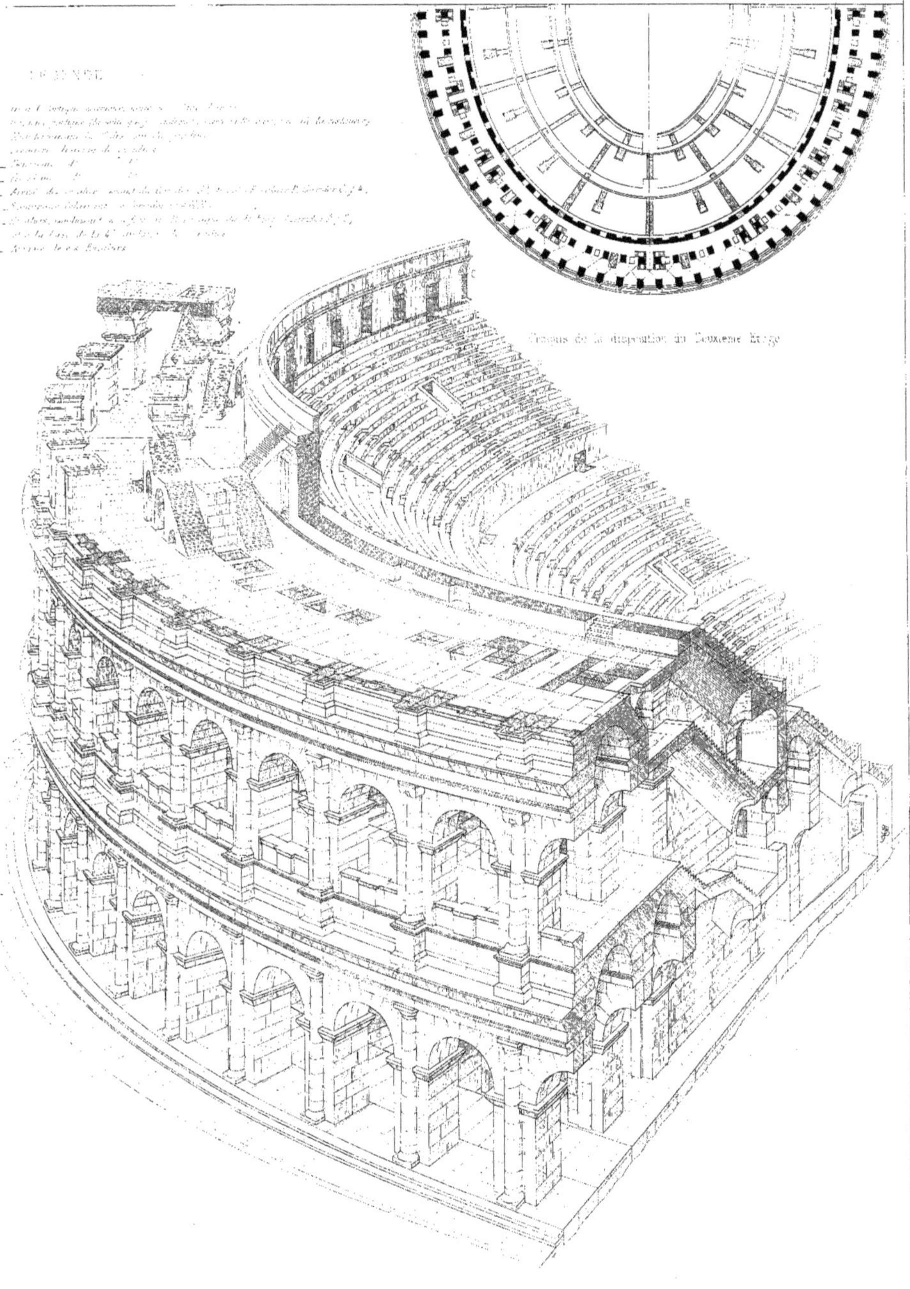

Croquis de la disposition du Deuxième Étage

COLISEE
DISPOSITION ET CONSTRUCTION

Image de la disposition au niveau du Corridor supérieur du Deuxième Étage.

COLISÉE
DISPOSITION ET CONSTRVCTION

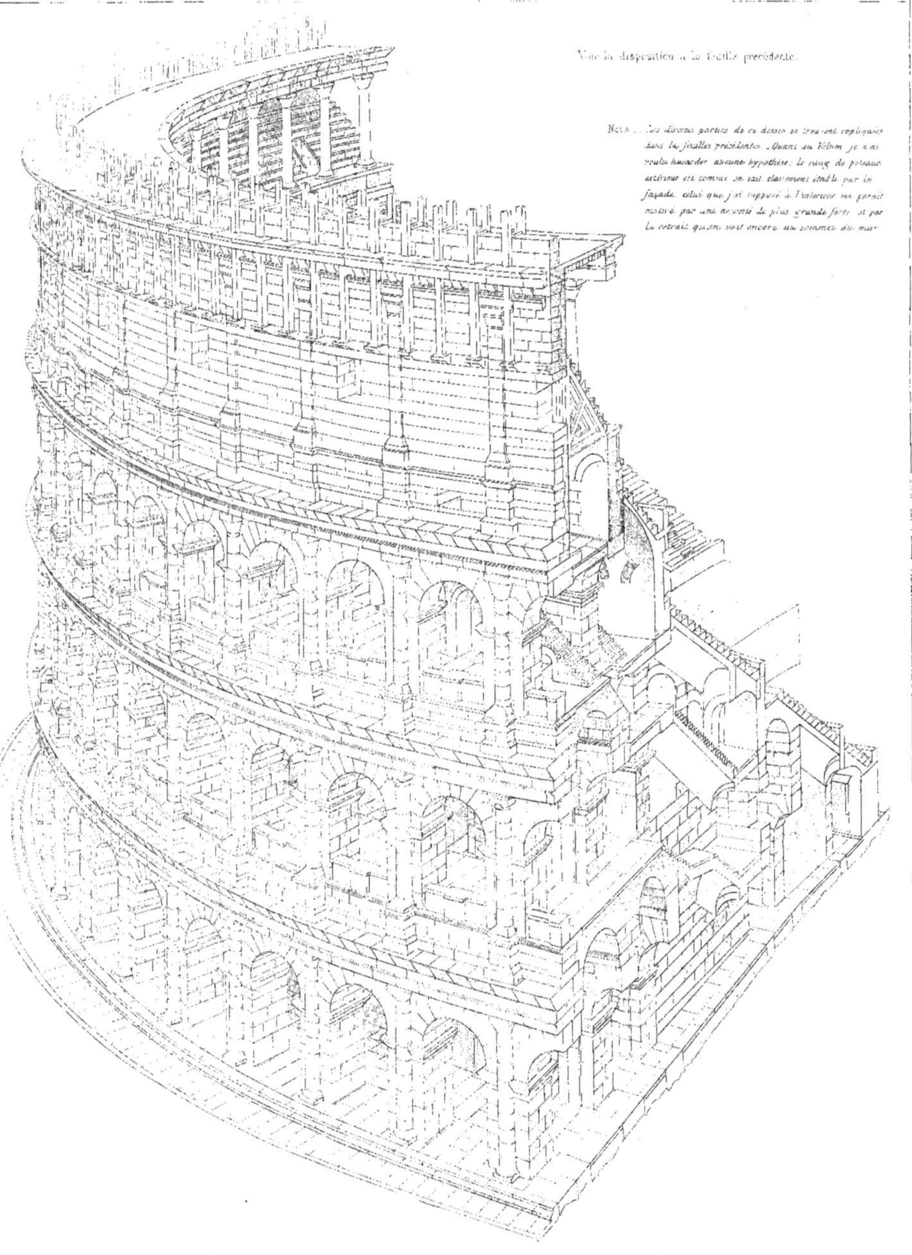

Voir la disposition à la feuille précédente.

Nota — Les diverses parties de ce dessin se trouvent expliquées dans les feuilles précédentes. Quant au Velum je n'ai voulu hasarder aucune hypothèse; le rang de poteaux extérieur est comme on sait clairement établi par la façade, celui que j'ai supposé à l'intérieur me paraît motivé par une nécessité de plus grande force et par le retrait qu'on voit encore au sommet du mur.

www.ingramcontent.com/pod-product-compliance
Ingram Content Group UK Ltd.
Pitfield, Milton Keynes, MK11 3LW, UK
UKHW031741170726
13836UKWH00002B/800